AF562391

ÉTAT-MAJOR DE L'ARMÉE

2e Bureau

CONFIDENTIEL

ENSEIGNEMENTS

DE LA

GUERRE RUSSO-JAPONAISE

Note n° 10. — Matériel d'Artillerie.

Février 1906

Exemplaire n° .... remis à ....

État-Major de l'Armée

2e Bureau

Février 1906

Confidentiel

Note No. 10

Enseignements de la guerre russo-japonaise.

Matériel d'artillerie

Sommaire

I
Matériel d'artillerie de campagne et de montagne

Canons de campagne. — Aucune des deux artilleries belligérantes ne possédait un canon à tir rapide.

Le canon russe de 3 pouces, modèle 1900, bien qu'à recul sur l'affût était trop mal construit pour bénéficier des avantages de ce système. La course du recul étant très petite (0m60 à 0m80), l'effort sur la bêche y est considérable. La pièce se cabre à chaque coup. L'action du frein hydraulique est complétée par un chapelet de rondelles de caoutchouc qui sert de récupérateur, mais l'efficacité de ces rondelles varie avec la température : une fois échauffées, elles ne possèdent plus l'élasticité suffisante pour ramener la pièce en batterie. Les roues dépourvues de patins d'abatage se déplacent latéralement pendant le tir. Le déplacement latéral du berceau est très pénible et pour cette raison on a dû renoncer au fauchage. « La vitesse de tir obtenue (1 coup par minute généralement, exceptionnellement de 2 à 4) n'a guère dépassé celle qu'on pouvait obtenir avec les anciens canons. » (Général Silvestre)

Le canon de campagne japonais "Arisaka" de 75 m/m est monté sur affût rigide. Ses récupérateurs à ressorts reliés aux sabots à

bêche....

ramènent bien à peu près la pièce en batterie; mais il doit également être repointé après chaque coup. « Il ne pouvait soutenir longtemps la vitesse de 2 coups par pièce à la minute. » (Ct Cayeux).

« Au point de vue du tir, de la soudaineté et de l'efficacité, la guerre de Mandchourie n'a donc fourni dans aucun cas l'exemple de ce que donnera l'artillerie sur les champs de bataille de l'avenir. » (Général Silvestre).

A l'ouverture des hostilités, l'artillerie russe venait à peine de recevoir le matériel modèle 1900 et était très peu exercée à sa manœuvre. « La plupart des officiers et des hommes ont vu pour la première fois leur matériel lorsqu'il était sur les trucs des trains l'emmenant en Sibérie. Aussi ne surent-ils pas s'en servir et se trouvèrent-ils dans des conditions notablement inférieures à celles des artilleurs japonais qui servaient leur canon depuis plusieurs années. » (Gal Silvestre)

Boucliers. – Les canons russes et japonais n'étaient pas munis de boucliers. L'opinion dans l'armée russe avait toujours été très hostile à ce mode de protection. L'expérience de la guerre produisit dès la fin de 1904 un revirement complet dans les idées, ce qui fit décider d'envoyer 3 batteries modèle 1902 avec boucliers en Extrême-Orient.

Quant aux Japonais, ils s'ingénièrent pour faire usage de boucliers de fortune.

« Ils . . . . . .

« Ils utilisèrent à cet effet les dossiers des sièges d'affût qui ne servaient à aucun autre usage l'artillerie japonaise ne se déplaçant jamais qu'au pas. » (Cᵗ. Bayeur).

Mais de part et d'autre, la pièce ne restant pas immobile pendant le tir, ces masques ne pouvaient être utilisés que pendant les pauses du feu. On ne peut donc tirer sur la valeur des boucliers d'autre enseignement que la nécessité, sentie par les deux adversaires, de recourir à ce mode de protection.

Puissance et mobilité - La puissance du canon russe (poids du projectile 6ᵏ.5, vitesse initiale 590ᵐ.) était très supérieure à celle du canon japonais (poids du projectile 6ᵏ.1, vitesse initiale 460ᵐ.). En revanche, le poids de la pièce russe (1884ᵏ.) dépassait de 250ᵏ celui de la pièce japonaise (1630ᵏ).

La mobilité a fait défaut à l'artillerie russe, surtout dans la région accidentée des premières opérations. Plus tard, également, dans les terrains fortement détrempés, le canon s'enfonçait jusqu'aux moyeux. Dans la retraite sur Liao-Yang, une batterie dut être abandonnée parce qu'il était impossible d'emmener les pièces embourbées.

Par contre, les Japonais ont éprouvé, au point de vue de la puissance de leur canon, des déboires qui doivent être mis sur le compte du trop faible poids du projectile et d'une vitesse restante insuffisante, mais « qui furent compensés par la meilleure qualité de ces

projectiles......

projectiles.» (Ct Payeur).

« Malgré son poids léger, l'artillerie de campagne japonaise manqua complètement de mobilité et manœuvra toujours au pas. Mais cela était dû à la médiocrité des attelages et à l'inhabileté des conducteurs.» (Ct Payeur).

Canon de montagne. – "Les Japonais possédaient un canon de montagne de 75 m/m absolument semblable à leur canon de campagne dont il est la réduction et tirant les mêmes projectiles avec une vitesse initiale moindre (263m). L'artillerie de montagne japonaise a lutté souvent sans infériorité sensible avec l'artillerie de campagne russe grâce à son obus explosif." (Ct Payeur). "Elle a rendu de grands services, même en plaine, grâce à sa mobilité, supérieure à celle de l'artillerie de campagne (elle prenait même le trot sur certains parcours) et à sa moindre vulnérabilité." (Général Lombard).

Résistance du matériel. – Du côté russe, la guerre a mis en relief les inconvénients inhérents à la fragilité du matériel, Certaines pièces de l'affût ne pouvaient supporter les cahots des chemins de Mandchourie et se cassaient ou se faussaient fréquemment (le système de pointage entre autres). Il en résulte que les batteries purent rarement arriver en position avec toutes leurs pièces "L'expérience prouva que la complication

des nouveaux ....

des nouveaux matériels d'artillerie entraîne la nécessité d'avoir, dans les batteries même, des ouvriers mécaniciens habiles pour exécuter, jusque sur les champs de bataille, les réparations indispensables." (Général Moulin)

"Les canons russes furent généralement hors de service après 2500 coups alors qu'on espérait qu'ils atteindraient 4000 coups au minimum. Les cloisons étaient usées vers la chambre. Certaines batteries durent échanger au cours de la campagne tous leurs canons usés contre des canons neufs" (Général Silvestre)

Enseignements. — En résumé: "il n'y a rien à emprunter aux matériels dont il s'agit, tous deux très inférieurs à notre pièce de 75." (Général Lombard). "Tous les rapports concluent à la nécessité de doter les batteries d'outils de terrassiers en nombre suffisant pour qu'elles puissent se retrancher et compléter la protection un peu insuffisante de nos boucliers." (Général Silvestre, Général Lombard). Le Général Lombard préconise la suppression du mousqueton pour les servants. "Quelques mousquetons attachés aux caissons suffiraient pour assurer la sécurité des cantonnements et des colonnes de munitions."

II
Projectiles - Effets du tir.

Le canon japonais tirait un shrapnel contenant 234 balles de 10 gr. 7 et un obus renfermant 800 gr. d'explosif. Le canon russe modèle 1900 ne tirait qu'un seul projectile, le shrapnel contenant 260 balles de 10 gr. 66.

Efficacité du shrapnel. - Troupes découvertes. -

L'efficacité du shrapnel fut qualifiée d'écrasante au début de la guerre, et, dans tous les rapports, on attribue en grande partie le succès des Japonais, au Yalou, à Vafangoou, à leur supériorité en artillerie." Contre l'infanterie découverte en formation dense, les effets furent extrêmement meurtriers. Deux shrapnels russes éclatant à bonne distance sur deux bataillons japonais en formation serrée mettent 200 hommes par terre (14 mars 1905). Contre de l'artillerie de campagne en mouvement, le shrapnel donne des résultats si considérables qu'on peut affirmer qu'il est impossible à une batterie de se déplacer sous le feu de l'artillerie tirant à une distance raisonnable. Les mouvements d'avant-trains et de caissons en arrière d'une batterie en position sont également fort difficiles. Des caissons de ravitaillement ont été souvent laissés à une centaine de mètres de la batterie, et les munitions ont dû y être

portées ----

portées à bras d'hommes." (Ct Cayeux)

Circonstances dans lesquelles le shrapnel fut inefficace.

L'efficacité fut telle que les deux artilleries adverses prirent de plus en plus des positions très couvertes et n'osèrent plus s'approcher aux bonnes distances de combat. Par la suite elles se canonnèrent la plupart du temps à la distance limite de la portée des pièces et engagèrent la lutte d'artillerie à des distances supérieures à 5 kilomètres. Dans ces conditions, les effets furent à peu près nuls. "Les balles de shrapnels ne produisaient plus d'effets destructeurs sensibles. Quelques unes traversaient bien encore les vêtements; mais si elles rencontraient un corps résistant tel que cuir, drap épais, etc. elles rebondissaient sans faire aucun mal." (Ct Cheminon)

Ces tirs étaient d'ailleurs faits au jugé, sur des positions où l'ennemi était absolument invisible, les hauteurs d'éclatement étaient généralement mal réglées du côté russe et beaucoup de projectiles n'éclataient pas du tout.

Il n'est pas étonnant que dans ces conditions, les shrapnels n'aient rien produit. La faute en revient pour la plus grande part à la pusillanimité des deux artilleries, pour le reste, à la mauvaise qualité des projectiles, au poids insuffisant des balles inférieur à celui des balles des shrapnels allemands, mais inférieur à la limite au-

dessous - - - - -

dessous de laquelle l'artillerie française a toujours refusé de descendre.

Troupes retranchées. - "Contre les troupes retranchées, le shrapnel est presque sans effet matériel; mais il empêche les défenseurs de se redresser, de se montrer, ou s'ils se montrent, de lâcher posément leur coup de fusil par crainte de recevoir des balles. Si l'infanterie n'a pas à craindre une attaque, elle peut rester tranquillement abritée dans ses tranchées et le shrapnel est sans action, même morale." (Ct Payeur)

Artillerie en position. - Contre de l'artillerie en position et faisant feu, le shrapnel n'eut pas grande efficacité, parce que les artilleurs s'accoutumèrent rapidement à se servir des abris. Ils ne restaient découverts que le minimum de temps nécessaire pour le service des pièces, s'abritaient quand les rafales arrivaient et se levaient entre deux rafales.

Villages. - Au point de vue de l'efficacité du shrapnel contre les villages, les opinions ne sont pas unanimes. Les observateurs du côté japonais la déclarent à peu près nulle. "Dans les villages, les troupes d'infanterie trouvent aisément à s'abriter et à cheminer malgré le feu des shrapnels." Et en effet, les artilleurs russes demandèrent qu'on leur rendît leurs anciens canons

qui tiraient.....

qui tiraient l'obus ordinaire, parce que le shrapnel était, disaient-ils, sans action contre les villages. Cependant, dans les rares cas où l'artillerie russe bombarda les villages à bonne distance par un tir concentrique, elle réussit à les détruire et à y mettre le feu. (Bataille de Sandepou, villages de Tekeoutai, Toupa Ertza.) "Les rapports montrent que les shrapnels n'étaient pas aussi inefficaces contre les localités que le croyaient les Russes. Sans aucun doute, nos shrapnels, employés percutant, détermineront rapidement des incendies." (Général Silvestre)

Effets des obus explosifs. — Quand les distances de tir furent exagérées comme à Tchachitsao, l'effet matériel des obus explosifs japonais ne fut pas meilleur que celui des shrapnels. C'est seulement à Liao-yang que les obus explosifs réussirent à détruire les tranchées russes parce que les distances de tir furent beaucoup moins grandes, mais il fallut en faire une énorme consommation." Contre le personnel des tranchées ils furent peu meurtriers, sauf dans un rayon très court; mais l'effet moral fut très grand. La fumée épaisse avec son odeur mordante et le bruit violent de l'explosion produisaient une forte impression sur des troupes encore peu habituées au feu. En outre ce nuage de fumée plus que l'éclatement

du shrapnel....

du shrapnel fait croire à l'infanterie amie que l'ennemi est fortement endommagé et lui fait prendre confiance. On n'a pas constaté que ces obus aient produit contre les villages des effets matériels de grande importance." (Ct Payeur)

Si les Japonais ont augmenté constamment pendant la guerre la proportion de leur approvisionnement en obus et arrivèrent à en consommer à Moukden un nombre égal à celui des shrapnels, cela tient à ce qu'ils se voyaient ou se croyaient obligés de tirer à des distances dépassant la graduation de la fusée et où le shrapnel est insuffisant, tandis que l'obus percutant conservait quelque effet moral contre les troupes retranchées.

"On a d'ailleurs remarqué que ces obus tant redoutés au début par les Russes étaient moins craints à la fin de la campagne que les shrapnels" (Commandant Chenimoy) "Les effets matériels restant insignifiants, les troupes ne tardèrent pas à n'y faire aucune attention." (Général Silvestre)

Tir à démolir. — "On ne chercha jamais, d'un côté ni de l'autre, à obtenir méthodiquement des effets contre le matériel par le tir percutant. Les distances étaient trop grandes pour qu'on put espérer un résultat; aussi le matériel souffrit-il très peu du feu de l'ennemi." (Ct Payeur)

Enseignements....

Enseignements. – "En résumé, c'est à tort qu'on a parlé de la faillite du shrapnel. Ce projectile, quand il est bien construit, conserve toute sa valeur contre les troupes découvertes ou forcées de se découvrir sous la menace de l'attaque. Il contraint les troupes retranchées à une attitude absolument passive. Il est à peu près sans action sur le personnel des batteries abrité derrière des boucliers; mais il rend le ravitaillement en munitions extrêmement difficile. La valeur de l'obus explosif tient surtout à l'effet moral qu'il pourra produire, surtout sur des troupes plus nerveuses que les troupes russes et japonaises." (Ct Cayeux)

Au point de vue de la construction même des projectiles, on doit retenir seulement la nécessité d'augmenter autant que possible l'efficacité du shrapnel en conservant aux balles un poids supérieur à 11 gr. et en leur imprimant une forte vitesse complémentaire au point d'éclatement.

"Il serait avantageux d'augmenter dans leur chargement les matières incendiaires en utilisant comme dans l'obus Robin les interstices des balles." (Gl Silvestre)

"Quel que soit le projectile employé il faut renoncer dans la guerre de campagne à l'idée de faire du tir à démolir". (Ct Cayeux)

"Il serait nécessaire d'augmenter la dotation de notre artillerie en obus explosifs

de la .....

de la porter au 1/3 de l'approvisionnement total et de prévoir une fabrication intensive de ce projectile au cours de la guerre." (Gl. Lombard)

"Il convient d'habituer nos troupes pendant leur présence dans les camps d'instruction, au bruit et à la fumée des projectiles afin qu'elles ne soient pas impressionnées plus qu'il ne convient au début de la guerre." (Gl. Silvestre)

En ce qui concerne les distances de tir, le Général Silvestre pose en principe "que les batteries devront dans tous les cas ouvrir le feu à la distance la plus rapprochée que permettront les circonstances", mais d'autre part, il est d'avis "qu'il faut augmenter ou changer les champs de tir pour que l'artillerie puisse exécuter le plus grand nombre possible de ses écoles à feu aux grandes distances" afin d'être à même d'agir de très loin quand les circonstances l'exigeront.

III

Pertes causées par le feu de l'artillerie

La proportion des pertes causées par le fusil et le canon serait un élément important d'appréciation de la valeur de l'artillerie sur le champ de bataille. Du côté russe, les chiffres fournis à ce sujet présentent des divergences considérables.

Le Général Silvestre s'exprime ainsi dans un de ses rapports :

"Dans aucun des hôpitaux russes on n'établit de statistique et les chefs de service ne purent donner que de vagues appréciations. Le Général Trépov, Directeur du Service de Santé de l'Armée russe disait le 1er Janvier 1905 aux officiers étrangers que la proportion des blessés par l'artillerie aurait atteint le chiffre énorme de 50% à Liao-yang et celui de 30 à 40% au Chaké. Le Docteur Freden, chef du Service chirurgicale de l'armée et les chirurgiens des postes de pansement des troupes de l'aile droite à Liao-Yang ont donné de vive voix des chiffres analogues ; mais les uns et les autres n'ont jamais été en mesure de fournir un état statistique.

D'autre part, le Général Moulin

a signalé ....

a signalé dans un rapport que, d'après l'État-major russe "en raison du déplacement des troupes battues par l'artillerie et de l'impuissance du feu contre les profils actuels, les pertes dues au feu de l'artillerie ne sont pas évaluées à plus de 8% environ des pertes totales."

En présence de ces renseignements absolument contradictoires et en l'absence de toute statistique officielle russe, il paraît difficile de faire dès maintenant état des renseignements fournis par le côté russe.

Du côté japonais, on ne possède pas encore de statistiques officielles complètes, mais il a été fourni au Lt. Cl. Corvisart des renseignements précis sur les pertes de la 1re Armée pendant la presque totalité de la campagne, et sur celles de la 2e Armée à la bataille du Chaho.

Ces renseignements sont résumés dans le tableau ci-après :

Pertes causées par le feu de l'artillerie

1°. Depuis le commencement des hostilités jusqu'à la bataille de Liao-Yang incluse.

		Pertes par le feu de l'artillerie.	Pertes totales	Pour cent
1re Armée	Divon de la Garde	290	2.739	10.6
	2e Divon	209	2.281	9.2
	12e –	345	2.947	11.8
Ensemble de la 1re Armée		844	7.967	10.6

2°. Bataille du Chaho.

	Pertes par le feu de l'artillerie.	Pertes totales	Pour cent
Ensemble de la 1re Armée	966	7.301	13.2
Ensemble de la 2e Armée	524	6.008	8.7

3°. Bataille de Moukden

		Pertes par le feu de l'artillerie.	Pertes totales	Pour cent
1re Armée	Divon de la Garde	347	2.851	12.2
	2e Divon	863	4.836	16.9
	12e –	284	1.778	15.9
Ensemble de la 1re Armée		1494	9.465	15.8

4°. Pour toute la Campagne

	Pertes par le feu de l'artillerie.	Pertes totales	Pour cent
Ensemble de la 1re Armée	3.304	24.733	13.3

Les pertes par le feu de l'infanterie et par l'arme blanche ont été indiquées dans la note N° 9 (page 18)

IV

Artillerie lourde d'armée.

Côté russe. - "L'armée russe disposait de mortiers de 15 c/m et amena tout un équipage de siège.

"Plusieurs batteries de mortiers de 15 c/m et de canons de siège de 42 lignes (107 mm) furent amenés à Liao-yang, mais aucune n'était en position au moment de l'attaque.

"Pour la défense des lignes du Chaké (Chaho), les Commandants de Corps d'Armée demandèrent d'abord des mortiers puis des canons de siège pour contrebattre les villages et les positions japonaises. Mais ces pièces ne réussirent pas une seule fois à faire évacuer un seul village de la ligne japonaise; il y a lieu de penser que cet insuccès tint à l'exécution défectueuse du tir.

"Pendant la longue période qui s'étendit du milieu d'octobre 1904, après les batailles du Chaké, jusqu'à la fin de février de 1905, l'armée russe renforça dans la plaine toutes ses lignes de défense par de nombreuses batteries de siège. Plus de 100 canons de 15 c/m ou de 42 l., 10 batteries de mortiers de 15 c/m, furent mis en position dans des batteries solidement construites.

"La situation était en tout comparable à celle de la guerre de siège. Une organisation du tir semblable à celle des Places fut créée, mais ne put être pris une seule fois en action.

Le seul----

...sultat, problématique d'ailleurs, ...se vantât dans l'armée russe ...d'avoir gêné ou inquiété les établissements japonais en lançant des projectiles jusqu'aux portées extrêmes comprises entre 9000 et 10000 mètres. Les Japonais annihilèrent par l'initiative de leur attaque de flanc cette savante organisation. On dut procéder à l'évacuation de ce matériel qui se fit facilement grâce à un petit chemin de fer de 75 c/m installé parallèlement à la ligne de défense." (Gl Silvestre)

Côté japonais.- "Du côté japonais l'artillerie lourde n'eut une efficacité réelle et une influence notable qu'à la bataille du Yalou où la 1re Armée disposait de 20 obusiers de 12 c/m. Ces pièces tirèrent à 4000 et 5000 mètres sur l'artillerie russe établie sur l'autre rive (24 canons de campagne) la réduisirent au silence et protégèrent ainsi l'établissement des ponts. Elles le firent d'autant plus aisément qu'elles étaient aidées par l'artillerie de campagne qui avait une telle supériorité numérique que le même résultat eût été obtenu sans l'aide de l'artillerie lourde.

"Aux batailles de Liao-yang et du Chaho, la 1re Armée n'avait pas d'artillerie lourde. La 2e Armée avait quelques canons pris aux Russes à Nanshan. L'effet de ces canons, soit à cause du peu de projectiles qu'ils avaient à consommer, soit pour d'autres raisons, fut insignifiant.

"A la ......

« A la bataille de Moukden, les Japonais utilisèrent la plus grande partie du parc qui avait servi au siège de Port-Arthur : canons longs de 12 c/m, obusiers de 15 et de 28 c/m, mortiers de 9 c/m. Les derniers ne rendirent aucun service, les autres pièces ne produisirent pas un grand effet, même les obusiers de 28 c/m placés, en raison de la configuration du terrain, à une distance trop grande, 6 kilomètres environ. »

(Ct Gayeur)

Enseignements. — L'enseignement qui paraît se dégager de la guerre, en ce qui concerne l'artillerie lourde, est le suivant :

"Les canons courts, à cause de leur manque de précision aux distances où l'on est ordinairement obligé de les placer, sont presque sans effet contre des ouvrages sans profondeur comme sont les ouvrages de campagne." (Ct Cayeur)

"Les canons longs de fort calibre produisent quelques effets de destruction. Ils peuvent être utilement employés dans la lutte d'artillerie." (Ct Cayeur) "Leur efficacité est due à leur grande portée plutôt qu'à la puissance de leurs projectiles." (Général Silvestre)

" Les destructions n'ont pas, dans la bataille, une importance capitale. Il faut, dans la guerre de campagne, renoncer à faire du tir à démolir, soit sur les ouvrages, soit sur les canons. Qu'on y emploie des petits, des moyens ou des gros calibres, ce tir exigera toujours un poids de projectiles

trop . . . . . .

trop considérable pour la capacité de transport des équipages de campagne". (Ct. Payeur)

"L'artillerie lourde ne peut être indispensable que dans circonstances exceptionnelles, par exemple si l'on se heurte à une position fortifiée à loisir et qu'il faille l'attaquer. Elle devrait comprendre plus de canons longs que de canons courts". (Ct. Payeur)

"L'effet moral de l'artillerie lourde est déprimant pour l'adversaire et exal-tant pour l'assaillant". (Général Lombard)

"Le seul projectile à employer est l'obus explosif du calibre de 15 cm au moins". (Général Lombard)

"On ne peut produire d'effet matériel sérieux que par la concentration sur un objectif restreint du feu de 12 pièces au moins, mais plutôt de 20 à 24 pièces." (Général Lombard).

"Les formations d'artillerie lourde doivent être affectées en principe à l'Armée sur le large front de laquelle elles trouveront presque toujours l'occasion de jouer leur rôle en un point déterminé. Si elles n'étaient pas affectées d'avance à cette grande unité, il est très probable qu'elles n'arriveraient pas en temps voulu. Mais si le terrain des opérations d'une armée ne se prêtait pas à l'emploi de l'artillerie lourde, il est évident qu'il ne faudrait pas l'en encombrer". (Gl. Lombard)

L'opinion ....

L'opinion du Commandant Fayeur sur ce dernier point est différente: « il n'est pas utile, mais encombrant de doter normalement chaque Armée d'artillerie lourde. Il paraît préférable d'avoir des parcs légers de siège qu'on dirigerait au moment du besoin vers l'Armée qui aurait à s'en servir. » C'est également, d'après le Général Moulin, l'avis d'un Général russe, membre du Comité d'artillerie: « Les effets destructeurs exceptionnels qu'on peut réaliser dans la guerre de campagne se présentent trop rarement pour que la présence d'une grosse artillerie, au milieu des troupes de campagne, puisse être considéré comme autre chose qu'un hors d'œuvre. Son amenée à pied d'œuvre et son entrée en scène doivent être l'objet de mesures exceptionnelles, par conséquent dépendre des instances suprêmes du Commandement, en dehors du ressort des Corps d'Armée et même des Armées. »

www.ingramcontent.com/pod-product-compliance
Lightning Source LLC
La Vergne TN
LVHW010254230826
846091LV00007B/2961

* 9 7 8 2 0 1 9 2 2 5 0 7 0 *